GRANDEUR ET DÉCADENCE
D'UNE
SERINETTE

PARIS. — IMP. SIMON RAÇON ET COMP., RUE D'ERFURTH, 1.

GRANDEUR ET DÉCADENCE

D'UNE

SERINETTE

SIMPLE HISTOIRE D'UN RENTIER
ET D'UN LAMPISTE
LA LÉGENDE DE SAINT CRÉPIN LE CORDONNIER
LA CHANSON DU BEURRE DANS LA MARMITE

PAR

CHAMPFLEURY

ILLUSTRÉ PAR DESBROSSES

PARIS
EDMOND BLANCHARD, ÉDITEUR
78, RUE RICHELIEU, 78
ANCIENNE MAISON HETZEL

1857

GRANDEUR ET DÉCADENCE

D'UNE SERINETTE

GRANDEUR ET DÉCADENCE

D'UNE SERINETTE

MADAME VEUVE BRODART LA MÈRE

..... Toute petite ville de province a une rue particulière, une rue occupée seulement par des bourgeois, isolée, à l'ombre et silencieuse. Il y pousse de l'herbe. Cependant cette rue, calme comme un cercueil, où les rideaux sont soigneusement tirés, gouverne la ville : c'est de là que partent les accusations les plus terribles, en ce sens qu'elles sont sourdes, anonymes, et d'autant plus dangereuses.

Un étranger passe dans cette rue : il n'a vu personne aux fenêtres, mais vingt yeux embusqués derrière l'ouverture imperceptible d'un rideau ont pris son signalement. Chacun s'interroge aussitôt après ; on fait l'instruction.

Si les bourgeoises de la rue Châtelaine espionnent ainsi les étrangers, quelle attention n'apportent-elles pas à disséquer, à scalper les moindres faits et gestes de leurs concitoyens ! Le malheureux *sujet* qui est dénoncé à ce tribunal des Dix féminin est plus à plaindre que s'il était accusé d'empoisonnement ; les bourgeoises sont plus habiles à trouver matière à diffamation que ne l'est l'appareil de Marsh à recueillir du poison.

Madame Brodart la mère demeurait dans cette rue. La maison est si simple, qu'elle ne mérite pas la moindre description. Une fenêtre donne sur la rue : sur le rebord de la fenêtre se pressent des pots de fleurs ; au-dessous des pots de fleurs un banc de pierre.

Madame veuve Brodart, que toute la ville appelait la *Mère*, pour la distinguer de sa bru, madame Brodart la jeune, demeurait dans la rue Châtelaine ; quoique entourée du terrible comité secret, elle n'en faisait pas partie active. Elle y remplissait le rôle de *personnage muet*, c'est-à-dire que, son grand âge l'empêchant de sortir, elle recevait ses voisines, qui entamaient chaque soir les histoires à l'ordre du jour. Madame Brodart prenait plaisir à cette gazette vivante ; mais elle n'y voyait pas de mal.

Elle était recéleuse de secrets sans le savoir.

J'allais souvent chez madame veuve Brodart pour jouer avec ses neveux et ses nièces. Peut-être dois-je à cette brave dame le goût prononcé de la musique. Voici comment.

Dans une grande armoire de chêne, pleine de linge rangé avec une propreté hollandaise, se trouvait une serinette qu'on nous confiait lorsque nous avions été bien sages à l'école.

— Surtout prenez garde de l'abîmer ! s'écriait madame veuve Brodart.

Cette serinette portait sur le couvercle un petit papier imprimé indiquant les airs notés. Ainsi :

Ouverture de la chasse du Jeune Henri.
Air de Philadelphie (2 fois).
Le Point du jour.
La Monaco (3 fois).
Air de la Flûte enchantée.

Je me rappelle encore que le *Point du jour*, quoique inscrit sur le catalogue, manquait. Un neveu de madame Brodart avait tourné trop violemment le cylindre et avait éraillé quelques petites pointes de cuivre nécessaires à cet air d'opéra-comique

— Ah ! Seigneur ! disait madame Brodart d'un ton de voix douloureux, ils m'ont abîmé mon *Point du jour*..... Passez vite à l'autre air, petits *brisaques*. — Brisaque, dans le dictionnaire néologique de la province, signifie un enfant qui casse, qui détruit tout.

Un jour que je jouais l'air de *Philadelphie*, et que je chargeais les crochets pour passer à un autre air, madame Brodart se leva d'un bond de son fauteuil, me repoussa brusquement et s'empara de la serinette. Mon grand crime était de n'avoir joué qu'une fois l'air de *Philadelphie*, tandis que le catalogue indiquait qu'il fallait le jouer deux fois.

— Tu me feras mourir, petit vaurien! dit-elle... Vous avez déjà cassé mon *Point du jour*; vous le faites exprès, n'est-ce pas?... Polisson, va, je le dirai à ta mère... qu'elle te donne le fouet... Maudits enfants! Ils n'en font pas d'autres! Je te défends, vois-tu, de toucher jamais à la musique...

Madame Brodart appelait sa serinette *la musique*.

— Qui est-ce qui m'a bâti des morveux pareils, des *touche-à-tout* qui ne sont bons à rien... Allez jouer bien vite dehors....

— Mais, maman Brodart, je ne savais pas...

— Bon, voilà qu'il ne savait pas; c'est pas des raisons tout ça... Si! tu le savais, qu'il fallait jouer deux fois l'air de *Philadelphie*.

Comme elle était brave femme au fond et qu'elle me voyait tout triste de ses reproches, elle tourna elle-même la manivelle de la serinette et s'aperçut avec la plus grande joie que l'air de *Philadelphie* n'était nullement endommagé.

— Vous n'y toucherez plus, ajouta-t-elle, ni les uns ni

les autres; vous me faites trop de mauvais sang. Quand vous voudrez entendre la musique, M. Peinte s'en chargera.

M. Peinte était un avocat qui n'avait jamais exercé. — Il est trop simple, disaient les fortes têtes du pays.

Dans ce sens, *simple* est le synonyme bien proche d'idiot.

Les provinciaux avaient raison : si M. Peinte n'était pas

idiot, il n'avait jamais donné signe que d'une médiocre intelligence.

Pâle, blond, les yeux inquiets, le crâne fuyant et se développant en pointe, M. Peinte marchait des épaules, la tête inclinée sur l'épaule droite. Sa bouche blême, toujours ouverte, ne démentait pas l'opinion que les moins phrénologues pouvaient avoir de son esprit en examinant son crâne pointu.

M. Peinte avait de l'aisance. Il était marié à une femme, jadis très-belle, qui ne recula jamais devant les devoirs du mariage, — s'il fallait en conclure d'après un fils qui était le portrait même de son père. M. Peinte dépensait son peu d'intelligence dans de petits travaux semblables à ceux des forçats et des castors.

M. Peinte tournait des maisons, des toupies et divers petits objets en buis qui le faisaient aimer des enfants. Il était propriétaire d'une tabatière à musique; ce meuble jouit d'un grand succès dans sa nouveauté. Il jouait aussi un peu de flageolet, et il s'empressait d'aller faire danser, les jeudis de sortie, les jeunes demoiselles entre elles dans leurs familles.

M. Peinte avait toujours l'heure exacte à sa montre. Il était tellement connu de réputation, que, cent fois par jour, en traversant la ville, il était arrêté :

— Vous vous portez bien, monsieur Peinte?

A cette question, il répondait et tirait sa montre.

Il mit le comble à son obligeance en confectionnant des briquets phosphoriques, qui étaient alors dans leur nouveauté. Sa poche en était toujours bourrée, et il en faisait cadeau à ses moindres connaissances.

Aussi M. Peinte était-il estimé de ses concitoyens et serait-il arrivé aux fonctions les plus importantes de sa petite ville, sans ce manque complet d'intelligence que chacun lui connaissait.

Les enfants l'adoraient, car il apportait, chaque fois que nous le voyions, un nouveau tour, une nouvelle curiosité. Ainsi il s'occupait un peu de physique amusante, de tours de cartes. Ce qui nous surprenait le plus, c'était son pouce très-mobile, qu'il faisait plier sur le dos de sa main — *dans la perfection*, disait madame Brodart.

M. Peinte ne manquait jamais de venir exactement chaque jour, de deux à quatre heures, visiter sa vieille amie. Il arrivait de la promenade avec une provision de nouvelles fraîches qu'il recueillait de ci et de là. A trois heures et demie, M. Peinte père venait le prendre pour dîner.

— Il est donc arrivé quelque chose à M. Peinte? dit madame Brodart en entendant sonner deux heures.

Quelques minutes après il entra.

— Ah! monsieur Peinte, vous êtes en retard.

— Pardonnez, madame Brodart, deux heures sonnent à la ville.

— Deux heures et cinq, vous voulez dire.

— Non, madame Brodart; tenez, voilà ma montre.

— Je sais bien ce que je dis, l'horloger est venu ce matin.

— Permettez, madame Brodart, l'horloger règle la cathédrale, et nécessairement prend son heure; j'arrive de l'hôtel de ville, et je vais juste. Je ne me fie pas à la cathédrale : la sonnerie est exposée aux courants d'air, aux brouillards, à la pluie, aux changements de saisons, enfin ; au lieu que la ville... Pensez donc que je la connais depuis trente ans.

— Quant à ça, vous avez raison, dit madame Brodart... Eh bien, qu'est-ce qu'il y a de neuf dans la cité ?

— Heu, heu! dit M. Peinte, nous avons eu un grand orage cette nuit

— Je suis bien heureuse, j'ai dormi comme un charme.

— Le tonnerre n'a pas dû tomber bien loin...

— Toujours des incendies! dit madame Brodart. Et la moisson ?

— Oh! la moisson va bien. J'ai rencontré hier les paysans qui partaient à la France.

On appelle *partir à la France*, les paysans qui vont à dix ou vingt lieues offrir leurs bras aux cultivateurs.

— J'oubliais, dit M. Peinte... Nous avons enfin un organiste.

— Il est de fait que ça ne peut pas durer.

— Un Allemand, m'a-t-on dit.

— Encore un étranger! s'écria madame Brodart dans un mouvement d'esprit national, des brigands qui sont venus ici avec les Cosaques!

— Permettez, madame Brodart, ils sont bons musiciens.

— Allons donc! musiciens comme ma poche... des gens qui ont été de l'invasion ne peuvent pas être musiciens. Et puis, quand ils seraient musiciens, n'y en a-t-il pas assez dans le pays?... Non, dit-elle en s'échauffant, c'est un fait exprès, ils crèvent de faim chez eux, ils viennent manger notre pain. Le gouvernement est bien bon... Si ça me regardait seulement un jour..

— Mais, madame Brodart, cela dépend du conseil municipal.

— Ah! votre conseil municipal, un tas d'importants... Enfin je ne peux pas les voir, vos Allemands. Il y en avait deux de logés chez ma mère du temps de l'Empereur, des grands *bêtas* qui ont des cheveux de filasse; ils ne savent seulement répondre oui ou non, ils disent *ia* à tout bout de champ... C'est pas des hommes, ça...

— Qu'est-ce que ça nous fait après tout? dit M. Peinte.

— Voilà comme vous êtes, vous : qu'est-ce que ça nous

fait?... mais ça nous fait beaucoup... ces gens-là viennent prendre l'argent dans notre poche; je suis bien sûre que, s'il était là, M. Peinte père serait de mon avis.

Madame Brodart aimait à étayer ses opinions de celles de M. Peinte père, juge du tribunal et homme important. Comme elle le nommait, M. Peinte père entra. Quand elle entamait une discussion avec ses voisines et qu'elle se trouvait battue, madame Brodart avait recours à un artifice oratoire qui ne lui fit jamais défaut.

— Cependant, disait-elle, M. Peinte père *prétend*... Ce fameux mot *prétend* coupait court à toutes les discussions; les voisines le savaient, et se seraient bien donné de garde d'aller contre une autorité aussi grave.

M. Peinte, qui montrait la plus grande docilité aux avis de son père, ne sut que répondre. M. Peinte père entra. Aussitôt madame Brodart reprit la parole et expliqua avec ses précédents arguments la question de nationalité qui était survenue à propos de l'Allemand. Le juge, s'étant recueilli gravement et ayant plongé ses doigts dans sa tabatière, en retira une prise et une opinion. Il donna gain de cause à madame Brodart la mère.

L'ORGANISTE

La veille de cette conversation, de la diligence de Paris descendaient un vieillard et un enfant que le conducteur appela M. Fleischmann et son fils.

L'organiste de la ville étant mort, le curé avait fait demander un organiste qui pût en même temps apprendre le chant aux enfants de chœur de la maîtrise.

L'évêque du diocèse nomma l'Allemand.

Quand il descendit de voiture, les curieux et les flâneurs de la ville remarquèrent avec étonnement ce petit vieillard qui avait la mine d'appartenir à un autre siècle.

Fleischmann portait de larges lunettes bleues, au travers desquelles se pouvaient voir de petits yeux perçants, quoique fatigués. Sa bouche large et très-mobile était rentrée par suite de la perte des dents; la lèvre inférieure aimait à se reposer sur la lèvre supérieure, et donnait un aspect satirique à la physionomie. L'Allemand ôta son chapeau à larges bords pour secouer la poussière qui y avait élu domicile pendant la route, et l'on put voir son front chauve sur le milieu, tandis que les oreilles étaient cachées par une touffe de cheveux plats, grisonnants, et roides comme des momies.

Il était vêtu d'un habit noir à la française et d'un pantalon noir étriqué qui tirebouchonnait autour de deux maigres jambes. Le tout était très-râpé.

— Tu es fatigué, mon petit Rosenblutt? dit-il à l'enfant.

— Oh! le joli enfant! dirent les commères. — Est-il d'un beau rose! — Les beaux cheveux blonds! — Il a l'air si doux! — Quel ange du bon Dieu!

Si les mères n'ont jamais entendu de plus suave musique que les compliments que l'on adresse à leurs enfants, il n'en fut pas de même pour Fleischmann. Il avait attendu patiemment qu'on lui donnât sa boîte à violon; quand il l'eut, il se tourna vers les femmes et fit une grimace qui valait un coup de dent; après quoi il marcha très-vite vers le presbytère, tenant à la main l'enfant.

— Avez-vous vu, dirent les commères, sa mine, à cet homme?

— J'ai cru qu'il voulait nous avaler.

— Pauvre *piau* Jésus! je le plains d'avoir un père pareil.

— C'est donc son père? On ne s'en douterait pas.

Le lendemain Fleischmann était installé dans un logement qui attient à la cathédrale. Ce logement consiste en une grande galerie de pierre très-obscure, qui conduit à une petite pièce humide au rez-de-chaussée. Derrière cette pièce se trouve une salle immense soutenue par des piliers gothiques, qui sert de maîtrise.

Un petit jardin où poussent des pavots communs, et qui pullulent avec de mauvaises herbes, était destiné à égayer cette triste habitation.

Le curé vint rendre visite à son organiste.

— Comment vous trouvez-vous ici, monsieur Fleischmann?

— Trop bien, dit-il d'une voix aigre et stridente... la musique me console de tout.

— Si vous vouliez faire arranger le jardin, je pourrais vous envoyer mon jardinier.

— Ah! je n'aime pas les fleurs... Rosenblutt non plus... Il lui faut de la musique, à l'enfant.

Rosenblutt courait déjà dans le jardin.

— A propos d'enfants, dit l'organiste, combien en avez-vous qui chantent?

— Nous avons douze enfants de chœur ; de plus diverses personnes pieuses envoient à la maîtrise leurs enfants, qui chantent aussi à la messe.

— Bon, bon, je vois, dit Fleischmann.

— Pour plus de renseignements, je vais envoyer chercher Bruge, le serpent de la cathédrale, qui est chargé par intérim des enfants de chœur.

— Monsieur l'archidiacre, je vous demanderai une faveur. Je ne peux jouer de l'orgue que parfaitement isolé... Je désire avoir seul la clef de la porte qui y mène; je ne reçois personne...

— Quelques fidèles ont leurs chaises aux orgues, et ils en ont pris l'habitude...

— La musique, dit Fleischmann... impossible... impossible... la musique, je n'aime pas qu'on voie mon jeu.

— Si vous y tenez absolument; cependant il vous faut un homme pour souffler.

— Non, pas besoin... le petit me suffit.

— Comment! vous fatiguez un enfant aussi jeune, aussi gentil?

— Hein! dit Fleischmann qui semblait ne pouvoir entendre parler de Rosenblutt; ça me regarde... il le faut pour sa santé, au petit.

L'archidiacre se retira fort étonné de la conversation d'un tel original.

Peu après Bruge entra, le serpent sous le bras, suivi de ses élèves. J'étais du nombre; comme j'avais une belle voix, mes parents me faisaient suivre les cours de la maîtrise.

— Vous êtes le serpent? dit Fleischmann, vous êtes musicien sans doute?

— Oui, dit Bruge un peu embarrassé de cet interrogatoire à brûle-pourpoint.

— Qu'est-ce que vous apprenez à ces enfants?

— Le plain-chant.

— Et la musique?

— Je ne leur apprends pas...

— Ah! dit Fleischmann en soupirant, il n'apprend pas la musique. Comment leur faites-vous chanter le plain-chant?

— Je joue l'air sur mon serpent; les enfants suivent.

— Voyons... Faites chanter ces enfants, que je connaisse leurs forces, à ces marmots.

Bruge nous fit ranger en cercle et nous fit chanter un

morceau. A peine commencé, Fleischmann, qui avait comme des attaques de nerfs, s'écria :

— Assez, assez! arrêtez!

Les enfants, effrayés par cette voix perçante qui dominait le chœur, se turent.

— Monsieur, dit Fleischmann à Bruge, j'en ai entendu assez, vous pouvez vous retirer maintenant... Quelle éducation! Ils m'ont gâté la voix de ces petits... Tout est à refaire... C'est bien, monsieur, dit-il en reconduisant Bruge.

Et il revint en parlant toujours à lui-même.

— Ah! la musique... Ils ne savent rien dans ce pays. — Rosenblutt, cria-t-il, viens ici, viens vite.

Nous nous regardions tous, effrayés. A l'ordinaire, nous passions les répétitions à rire, à jouer, à faire mille tours au pauvre serpent; mais ce petit homme maigre, avec sa bouche goguenarde et remplie de colères, nous rendait plus silencieux que le plus terrible maître d'école.

Rosenblutt accourut en tenant un papillon

— Tiens, papa, vois donc ce que j'ai trouvé dans le jardin...

— Nous n'avons pas le temps, dit Fleischmann en embrassant les joues roses de l'enfant, apportez le violon... Et vous autres, attention; qu'on ne bouge pas, nous dit-il; vous allez faire la gamme chacun à votre tour.

Quand nous eûmes fait la gamme, il nous divisa en trois groupes de cinq, et il nous avertit que Rosenblutt conduirait les chœurs. Cela nous fit rire. Nous étions presque tous âgés de sept à dix ans, et le chef qu'on nous donnait paraissait avoir quatre ans à peine.

Rosenblutt revint avec de la musique copiée et la boîte à violon. Il nous distribua les parties. Fleischmann donna l'accord et nous commençâmes à chanter.

Rosenblutt tout d'un coup se mit en colère :

— Eh! dit-il, gamins, il y a un bémol à la clef...

Je souris en nous entendant traiter de gamins par le petit Allemand. Fleischmann vint à moi :

— Ris encore, toi, je te mets à la porte... Quand Rosenblutt vous fera quelque observation, vous l'écouterez, ou sinon vous aurez affaire à moi.

— Oh! papa, dit Rosenblutt d'un ton suppliant, ils n'ont pas l'air méchant, les petits Français... ils chanteront mieux une autre fois, n'est-ce pas? me dit-il en venant à moi.

— Oui, dis-je d'un air contrit...

— C'est que, ajouta un de nos camarades qui eut l'audace de prendre la parole, il y a six mois que nous ne chantons plus la musique... nous ne nous rappelons plus.

— Vous pouvez vous en aller, en voilà assez pour aujourd'hui, poursuivit Fleischmann; revenez demain à la même heure... nous essayerons de la musique plus facile.

Nous partîmes sans plus attendre, comme on pense, fort contents d'échapper à la tutelle du maître de chapelle qui nous paraissait si terrible.

LA PAROISSE SAINT-GRÉGOIRE

La ville de M..., quoique petite, est divisée en deux paroisses : la paroisse Notre-Dame, et la paroisse Saint-Grégoire. Notre-Dame est la cathédrale; Saint-Grégoire, l'église.

Notre-Dame est un monument très-curieux du onzième siècle, mais dans un mauvais état de conservation. On craint qu'une tour ne s'abatte. Le conseil général du département, composé d'avocats en majorité, c'est-à-dire de bavards ignorants et voltairiens, juge à propos, à chaque session, de ne voter aucun subside à la cathédrale.

L'église Saint-Grégoire, bâtie à la fin du quinzième siècle, a plus de chance de durée. La ville est trop pauvre pour allouer les moindres fonds à l'entretien de ses monuments; aussi Notre-Dame est-elle obligée de vivre des aumônes des fidèles. Mais, quoique la cathédrale réunisse dans sa zone un plus grand nombre de paroissiens, elle est loin d'être aussi riche et aussi bien entretenue que Saint-Grégoire, paroisse de la noblesse et de la bourgeoisie opulente.

M... est divisée pour ainsi dire en deux quartiers : l'un habité par les marchands, l'autre par la bourgeoisie riche et quelques familles nobles. Les marchands, beaucoup plus nombreux, appartiennent à Notre-Dame, mais ils se préoccupent bien plus de leur commerce que de leur cathédrale; tandis que les bourgeois et les nobles font constamment des quêtes destinées à enrichir la fabrique de leur église.

Ainsi la cathédrale, qui gouverne l'église, est pauvre; au lieu que l'église, sujette de la cathédrale, est riche.

Il est facile de comprendre la lutte sourde qui existe entre les deux fabriques. Saint-Grégoire ne se contente pas d'insulter par son luxe à la cathédrale, elle l'insulte par ses paroissiens, au fond gens pieux, mais poussés par la jalousie.

Si l'archidiacre a une chape neuve un jour de grande cérémonie, soyez sûr que le lendemain le curé recevra assez d'aumônes pour pouvoir éclipser son chef catholique.

Dans un salon de la paroisse de Saint-Grégoire, on s'inquiéta beaucoup le lundi suivant des débuts de l'organiste. M. Peinte jeune s'y trouvait avec son père. M. Mercier, un des grands musiciens de l'endroit, qui chante dans les concerts au profit des pauvres, fut interrogé sur le nouvel organiste.

— Je ne suis pas assez connaisseur, dit-il, pour oser donner mon opinion sur cet Allemand. Je désirerais savoir ce qu'en pense M. Peinte père.

— Madame Brodart la mère me disait, il y a quelques

jours, avec beaucoup de justesse dans le raisonnement, qu'il était étrange d'avoir appelé ici un étranger.

— Oui, dit madame Fréminet, chez qui se tenait la soirée, je ne sais pas s'il a du talent, l'organiste de la cathédrale, mais on dit qu'il est fou…

— Vous savez, reprit Peinte fils, il s'est très-mal conduit avec Bruge, le serpent; il l'aurait insulté pour ainsi dire.

— Ah! vraiment? répondit madame Fréminet…
— Le pauvre homme en était aux larmes.
— J'en parlerai à M. Caron, notre curé. Il est très-brave homme; il le prendra comme serpent à Saint-Grégoire.

— Nous en avons déjà un.

— Ça ne fait rien, nous en aurons deux... quand ça ne serait que pour faire pièce à M. l'archidiacre, dit madame Fréminet.

— Je sais bien autre chose sur l'organiste, dit M. Peinte fils d'un air mystérieux, mais c'est bien grave....

— Dites toujours, monsieur Peinte.

— Cet Allemand, m'a-t-on dit... prenez garde... ce n'est pas moi qui voudrais en parler le premier...

— Peinte, tu as raison, dit le père, il ne faut jamais assumer sur sa tête la responsabilité d'une confidence dangereuse..

— Oh! monsieur Peinte, fit madame Fréminet, rien ne sort d'ici... nous sommes entre amis, d'ailleurs.

— Eh bien, cet Allemand, dit-on, est protestant.

— Oh! s'écria l'assemblée.

— S'il ne l'est pas, reprit Peinte, il doit l'être.

— Ils le sont tous dans ce pays-là, dit Peinte père.

— Et l'archidiacre, dit madame Fréminet, aurait l'indignité d'introduire dans son église un pareil homme!... ce serait par trop fort!

— Il ne manque pas de talent, dit M. Mercier.

— Le talent n'est rien, dit M. Peinte père, dans de pareilles circonstances.

— Et on lui confie des enfants, à ce protestant...

— Mais il les corrompra, dit madame Fréminet... Nous ne le souffrirons pas ; j'en parlerai à M. Caron, notre curé. Si M. Caron ne voulait pas avertir son supérieur, car après tout c'est son supérieur, j'en écrirais plutôt à monseigneur l'évêque...

— Madame Fréminet, dit Peinte fils, qui voyait à l'exaltation de la dévote que son secret allait courir les rues, je n'ai pas affirmé, permettez, qu'il était protestant...

— Effectivement, dit Peinte père, mon fils a annoncé cette nouvelle sous une forme dubitative.

— Je ne dis pas, reprit madame Fréminet, que M. Peinte ait affirmé ; mais moi j'affirme, je prends tout sous mon bonnet... M. le curé de Notre-Dame est capable de tout! mon Dieu, je ne lui en veux pas, c'est pour faire des économies. Il se sera dit : Un organiste protestant ne coûte pas aussi cher qu'un autre, prenons un organiste protestant.

— Dame ! c'est juste, dit M. Peinte père.

— J'aurai des nouvelles, soyez-en sûr ; le protestant ne restera pas longtemps ici.

L'ORAGE GRONDE SUR LA TÊTE DE FLEISCHMANN

L'organiste ne se doutait guère du trouble qu'il excitait dans la ville. Il était dans sa petite chambre noire, occupé

à écrire une partition. De temps en temps un cri aigu sortait de sa bouche; sa plume alors s'arrêtait; sans doute l'inspiration lui faisait défaut.

Il regardait le petit lit dans lequel dormait Rosenblutt; puis il se levait, parcourait la chambre à grands pas, embrassait l'enfant avec précaution pour ne pas le réveiller, et se remettait à écrire.

Rosenblutt se réveilla et cria doucement :

— Papa !

Fleischmann vint à lui.

— Tu veux te lever ?

— Oui, papa, après que j'aurai fait la prière à maman Grete.

L'enfant se mit à genoux sur le lit, joignit les mains et dit :

— Maman Grete, j'ai encore bien dormi en pensant à vous. Maman Grete, je prie pour vous, qui êtes dans le ciel en compagnie des anges. Faites que papa soit toujours heureux. Adieu, maman Grete.

Fleischmann, en entendant cette prière naïve, pleurait comme un enfant, car c'était pour lui un triste souvenir que la pauvre Grete, qui ne lui avait été enlevée que depuis un an. — Il s'essuya les yeux.

— Tu ne m'embrasses pas aujourd'hui, Rosenblutt?

L'enfant courut vers son père, qui couvrit sa figure de baisers et de caresses.

— As-tu bien dormi? dit-il en passant ses longues mains amaigries dans les cheveux bouclés de Rosenblutt.

— Oui, papa, j'ai vu des anges qui donnaient un grand concert; ils avaient des violons, des flûtes, des cors, comme tout le monde... Et puis le bon Dieu conduisait l'orchestre... C'était joli, joli... Après ça le bon Dieu a dit : « Il me manque une voix pour faire les solos, parce que l'ange Gabriel est enrhumé ; qui prendrons-nous pour le remplacer ? Tiens, qu'il a dit à deux anges, vous voyez bien le petit Rosenblutt qui dort, allez-moi le chercher. » Et ils sont venus en battant de leurs grandes ailes.

Fleischmann tressaillit et serra contre lui son enfant, dont le rêve l'effrayait.

— Et tu t'es en allé? dit-il, tu laissais ainsi ton vieux père sans lui dire adieu, méchant!

— Oh! dit Rosenblutt en faisant une petite moue enfantine aussi jolie qu'un sourire de jeune fille, je ne t'oubliais pas, va... attends un peu la fin. Les deux anges avaient approché leurs ailes et je m'étais assis au milieu. Ah! que j'étais bien, mieux qu'en balançoire. En route ils me contaient des histoires comme maman Grete m'en contait. Nous arrivons au paradis. Il est beau, va, le bon Dieu, avec une grande barbe blonde et sa robe bleue. — Il m'a dit bonjour, le bon Dieu. Je lui ai dit bonjour aussi. « Chante-moi quelque chose, » a-t-il dit. Moi, je n'avais pas peur, je lui ai chanté de ma plus belle voix, tu sais, l'air de *Francesco Rosello*, que maman Grete aimait tant. Le bon Dieu a tapé dans ses mains de joie. « Tu resteras ici, a-t-il dit. — Je veux bien, bon Dieu; mais papa Fleischmann sera bien désolé de ne plus me voir. » Le bon Dieu a réfléchi une petite minute. « Je le ferai venir ici avec toi; es-tu content? — Oh! je crois bien, bon Dieu! avec ça papa pourra vous rendre des services, il est un peu fort sur l'orgue, allez... » Alors je me suis réveillé...

— A la bonne heure, reprit Fleischmann. Je veux bien que tu ailles en paradis, mais avec moi.

— Tu sais bien, père, que je t'aime trop pour te quitter.

— Bien... Dis donc, Rosenblutt, veux-tu venir à l'orgue répéter le grand morceau pour la fête de la Toussaint? C'est que nous serons seuls dans l'église, personne ne viendra d'aussi matin, et nous répéterons plus à notre aise.

— Je veux bien, dit Rosenblutt.

Fleischmann se rendit à l'église Notre-Dame par un escalier de pierre qui y conduisait sans sortir de la maîtrise. Le père et l'enfant traversèrent la nef et arrivèrent sous l'orgue, monument remarquable de la fin du dix-septième siècle. Deux cariatides en bois, largement sculptées, supportent le buffet. Ces statues colossales paraissent être du Puget ou d'un de ses élèves.

Fleischmann s'assit au clavier, pendant que Rosenblutt emplissait de vent les soufflets.

L'église Notre-Dame, par sa nef élevée et son architecture intérieure d'un gothique léger, se prête favorablement à la musique de l'orgue.

Fleischmann commença. C'était un morceau d'un grand compositeur, Holbrecht. Le prologue débutait par un *andante maestoso* grave qui invitait au recueillement. Rosenblutt chantait, lui, un motif d'une pureté et d'une simplicité que comprennent si bien les compositeurs allemands. Peu à peu le mouvement devint plus vif... Un duel s'établit entre la voix et l'orgue. Les notes les plus douces de l'orgue le cédaient en douceur à la voix de l'enfant. Quand les basses formidables de l'instrument emplissaient l'église de leurs accords, la voix de Rosenblutt dominait encore et tranchait par son timbre mélancolique sur les accompagnements vigoureux de l'orgue.

Pendant cette répétition, qui durait depuis une heure, M. Peinte fils était entré chez l'archidiacre, en lui faisant demander un moment d'entretien.

M. Peinte fils demeurait dans une rue qui est située au milieu de la ville, et qui fait partie par un bout de la paroisse de Saint-Grégoire et par l'autre de la paroisse de Notre-Dame.

Depuis vingt ans M. Peinte se trouvait dans le plus grand embarras, ne sachant au juste à quelle paroisse il appartenait.

N'ayant jamais pu s'éclaircir sur ce point de conscience, il avait adopté un système timide; ainsi qu'on dit dans le langage usuel, il ménageait la chèvre et le chou. Un dimanche M. Peinte allait entendre les offices à Saint-Grégoire; le dimanche suivant à Notre-Dame. Dans cette communauté d'églises, le plus fâcheux pour M. Peinte était de donner deux fois le pain bénit, — comme il est d'habitude dans la province, — pendant que ses concitoyens ne le donnaient qu'une fois. Pour les aumônes, la même chose : M. Peinte fils versait en même temps dans la bourse des deux paroisses.

Il avait mal dormi en songeant à son indiscrétion de la veille, à la soirée de madame Fréminet. Donc, pour calmer sa conscience, M. Peinte fils se leva de très-grand matin et alla rendre compte à l'archidiacre de ce qui allait sans doute arriver.

L'archidiacre, un homme d'esprit, instruit, qui riait même des petites jalousies des paroissiens de l'abbé Caron, écouta gravement les confidences de M. Peinte.

— Vous avez eu tort, dit-il en le reconduisant, d'avoir répandu des bruits qui me paraissent mensongers et qui peuvent nuire à votre prochain; mais votre faute doit être pardonnée puisque vous vous en repentez.

Aussitôt après le départ du prudent Peinte, l'archidiacre se rendit à la maîtrise. Se doutant que l'organiste était à l'église, il y entra.

Maître Fleischmann répétait une seconde fois le morceau d'Holbrecht.

Surpris par cette musique admirable, l'archidiacre s'arrêta sous l'orgue, le cœur baigné d'harmonie. L'organiste l'avait prévenu qu'il ne jouait que de la musique allemande, la seule musique, avait-il dit; et le prêtre s'étonnait que le protestantisme, cette religion froide et sévère, pût amener des inspirations aussi brillantes, aussi catholiques que celles dont il jouissait en ce moment.

La voix de Rosenblutt, cette voix céleste qui n'avait rien du timbre ordinaire des enfants de son âge, cette voix *mystique*, l'étonnait. Courbé sous cette musique imposante, l'archidiacre était plongé dans un monde de pensées, lorsque Fleischmann, en descendant des orgues, le tira brusquement de ses réflexions.

— J'ai à vous parler, lui dit-il.

— A moi? dit Fleischmann.

— Oui, venez avec moi au presbytère.

— Vous avez entendu ce morceau? dit Fleischmann.

— C'est la première fois que je me suis senti aussi ému par la musique.

— Vous autres Français, reprit l'organiste, vous n'entendez rien à la musique religieuse... Ah! si vous connaissiez tous nos grands maîtres!...

Ils étaient arrivés à la porte de la maîtrise.

— Je reste à jouer dans le jardin, dit Rosenblutt.

— Oui, et sois sage. Je ne serai pas long à revenir.

NOUVEAUX MALHEURS D'UNE SERINETTE

Nous avions fini par aimer le petit Rosenblutt. Autant nous craignions son père, qui nous donnait de temps à autre des coups d'archet sur les oreilles quand nous chantions faux, ce qui arrivait assez fréquemment, autant nous étions libres avec l'enfant qui dirigeait les chœurs.

La leçon de chant terminée, Rosenblutt jouait avec nous; s'il était sérieux pendant la répétition, il devenait aussitôt après d'une gaieté folle. Quelquefois même il paraissait timide.

Nous lui avions appris à jouer aux billes, à la toupie, toutes choses qu'il ignorait complétement. Je lui avais fait cadeau d'une toupie coloriée, tournée par M. Peinte fils. Maître Fleischmann paraissait contrarié de le voir jouer avec nous; il n'était pas tranquille; et quelquefois, pendant

nos jeux, nous voyions son nez armé de ses lunettes bleues apparaître derrière les vitres de la croisée qui donnait sur le petit jardin.

Je ne me rappelle plus quelle solennité nous avait mis

en vacances; tout ce que je sais, c'est que nous étions une demi-douzaine de collégiens et autant de petites filles réunis chez madame Brodart la mère. Rosenblutt était des nôtres. Perfides comme le serpent qui tenta madame Ève, nous l'avions entraîné malgré sa résistance et à l'insu de son père.

Après avoir tant soupiré en pensant à ce jour de congé, nous ne savions plus que devenir, maintenant que nous étions en liberté.

— Quel dommage, dit l'un, que Rosenblutt ne soit pas avec nous!

— Oh! oui! dit le chœur de gamins.

— Si nous l'allions chercher!

— Et maître Fleischmann, dit un timoré, que dirait-il?

— Il ne dirait rien, pardi!

— Eh bien, va un peu le chercher, toi qu'as pas peur.

Celui qui s'était avancé avec tant d'aplomb, mis en demeure d'exécuter ses offres, hésita.

— Allons-y tous.

— C'est cela! dit la bande joyeuse, dont le courage s'accroissait par l'effet du nombre.

Nous courûmes tout le long du chemin et nous arrivâmes tout essoufflés à la maîtrise. Rosenblutt, étendu sur le gazon, jouait avec un chat.

— Veux-tu venir avec nous chez madame Brodart, Rosenblutt ?

— Quoi faire ? dit-il.

— Viens toujours, nous nous amuserons.

— Je voudrais bien, mais papa n'est pas là.

— Ça ne fait rien, tu reviendras tout de suite.

— Il ne veut pas que je sorte sans lui.

— Bah ! c'est pour rire.

Nous avions des arguments à tout.

— Viens donc, il y a un beau jardin, bien plus beau que celui-ci, et puis des belles fleurs ; tu rapporteras un bouquet.

Rosenblutt était alléché.

— Nous ferons la dînette, dit un autre.

Rosenblutt sourit. Nous ne laissâmes aucunement le temps de réfléchir à notre petit ami, et nous l'entraînâmes en criant :

— Ah ! comme nous allons nous amuser !

Madame Brodart la mère, que nous n'avions pas consultée pour amener le nouvel invité, fit un peu la grimace en apprenant que Rosenblutt était le fils de maître Fleischmann ; mais les mines charmantes du petit Allemand la séduisirent peu à peu et apaisèrent vitement sa mauvaise humeur.

Elle était en train, quand nous arrivâmes, de surveiller sa domestique, qui confectionnait d'énormes *rabotes*.

La *rabote*, en Picardie, — je ne sais si ce gâteau est connu dans d'autres provinces, — est une grosse pomme qu'on entoure de pâte. On la fait cuire au four, d'où elle revient rissolée par le feu et dorée comme par le soleil.

— Aimes-tu les rabotes, toi? dit madame Brodart à Rosenblutt.

— Je ne sais pas, madame, dit-il en souriant et en laissant voir ses jolies dents blanches.

— Tiens, dit-elle tout étonnée, tu ne sais pas... Qu'est-ce que tu aimes alors?

— J'aime le *hampoutel mit roseiné.*

Nous partîmes tous d'un éclat de rire.

— Qu'est-ce que c'est que ce baragouin-là? dit-elle. Oh! mon Dieu, faut pas être dégoûtée pour manger de ça. Comment dis-tu?

Rosenblutt répéta.

— J'aimerais autant que tu me dises : Dieu vous bénisse.

— C'est maman Grete seulement qui savait la recette.

— Où est-elle, ta maman? dit madame Brodart, curieuse comme toutes les vieilles femmes.

— Elle est morte.

— Pauvre petit.. Ah çà! je bavarde comme une sans-souci, dit-elle, il faut pourtant que je voie à vous avoir des crépinettes.

L'annonce des crépinettes, — qui ne sont que des petites saucisses plates, — mit tout le monde en rumeur et fit tirer plus d'une langue.

— Je vous y prends donc, gourmands! dit madame Brodart... Allons, je pars, et ne mettez pas trop la chambre en fouillis.

— Non, maman Brodart; dit le chœur enfantin.

Aussitôt après le départ de la vieille dame, qui avait quelquefois de bons moments, nous nous mîmes à jouer.

On courut dans le jardin. Une heure se passa; madame Brodart ne revenait pas. Tous les jeux étaient épuisés.

— Charles, dit l'un au neveu de la veuve, va donc chercher la serinette.

— Ah! oui, nous jouerons de la musique dans le jardin.

— Rosenblutt chantera avec

— Je veux bien, dit Rosenblutt.

Charles alla querir l'instrument.

— Je ne l'ai pas fait voir à la bonne; elle le dirait à maman Brodart.

— On ne l'abîmera pas.

— C'est égal, si elle le savait!

— Elle ne le saura pas.

La serinette passa de main en main; et nous eûmes chacun le plaisir de jouer tout le répertoire. A la fin ce divertissement devint monotone, et la serinette fut abandonnée et placée sur la margelle d'un puits au milieu du jardin.

On se remit à courir. Je ne sais lequel de la bande poursuivait Rosenblutt, qui, près d'être attrapé, se cogna contre la serinette. Elle disparut dans le puits!

— Oh! firent dix voix empreintes de terreur.

Puis vinrent les accusations et les dénégations.

— Ce n'est pas moi. — C'est Rosenblutt. — C'est charles qui l'a poussé. — Il ne fallait pas la mettre sur le bord du puits.

— Oh! répétèrent les voix, dont la terreur s'accroissait.

— Si maman Brodart revenait! dit l'un de nous.

Nous étions paralysés de frayeur.

— Je la vois, dit Rosenblutt, qui ne s'inquiétait guère, elle nage.

Les têtes se penchèrent au-dessus du puits, et nous aperçûmes l'infortuné instrument qui surnageait

— On peut l'avoir, hasarda quelqu'un.
— Comment?
— Avec le seau.

Le plus grand de la bande descendit le seau qui reposait

près de la poulie, et nous suivîmes avec une anxiété sans pareille les chances de sauvetage de l'instrument. L'opération était difficile; le seau se battait les flancs contre la serinette, mais ne paraissait avoir nulle envie de la repêcher. Après divers essais, on fit faire un demi-plongeon au seau, qui louvoya au-dessous de l'instrument et finit par le rapporter dans ses flancs.

— Ah! cria la foule émue, voilà la serinette!

Sauvée du naufrage par un miracle, la serinette apparut toute mouillée. Elle fut secouée et étendue sur le gazon pour sécher.

— Mais, dit l'un, fort intelligent, les petites pointes sont en cuivre, l'eau va les faire moisir.

— Faudrait peut-être en jouer pour faire sortir l'eau.

Rosenblutt prit la serinette et tourna... O surprise! la *Chasse du jeune Henri* ne faisait plus entendre ses fanfares. On tira le second crochet. L'air de *Philadelphie*, qui jadis était si doux à écouter deux fois, gardait un profond mutisme. Ainsi du *Point du jour*; de même pour la *Flûte enchantée*. Seule, la *Monaco* persistait à lancer dans les airs quelques fragments, quelques notes décousues dont le sens musical était difficile à comprendre.

Nous étions abattus; Rosenblutt continuait, avec son sang-froid habituel, à faire entendre une ou deux notes éraillées, lorsque M. Peinte fils entra dans le jardin. Il nous vit tous émus; les sons désolés de la serinette le surprirent.

— Eh! malheureux! qu'avez-vous fait là? dit-il en re-

marquant que Rosenblutt faisait tourner inutilement la manivelle.

Il essaya lui-même l'instrument, ne croyant pas à un accident aussi grave. L'instrument resta muet. Alors il le palpa, et il s'aperçut que le cylindre était partagé par le milieu.

— Seigneur! dit-il, c'est tout à fait fini...

— Ce n'est pas moi! dîmes-nous tous en chœur.

— N'importe qui... que va dire cette pauvre madame Brodart la mère ?

Il pleurait presque. Car, versé dans la mécanique, il était plus à même que nous d'apprécier le désastre.

— Je m'en vais, dit-il; je n'oserais assister à la scène qui va se passer ici tout à l'heure. Madame Brodart tenait tant à sa musique, et elle avait raison...

Après ces paroles, M. Peinte fils prit la fuite. Les trois quarts de nos amis l'imitèrent, et nous restâmes seuls à chercher un moyen de dissimuler la fracture de la serinette. Il fut convenu qu'on la remettrait à sa place habituelle, ce qui se fit immédiatement.

Madame Brodart rentra bientôt. Elle s'étonna de ce que la bande était diminuée.

— On est venu les chercher, dit son neveu.

Depuis son arrivée, nous restions dans la chambre, mornes et inquiets.

— Qu'est-ce qui vous prend? nous dit-elle, vous avez l'air *tout chose*...

— Rien, maman Brodart.

— Je ne sais pas, dit-elle en secouant la tête.

Elle appela la bonne.

— Ils n'ont rien fait de mal pendant mon absence?

— Je n'ai rien vu, madame.

— C'est bien, faites cuire les crépinettes, je vais préparer la table.

Comme elle allait vers l'armoire à linge, son neveu, qui voyait l'orage se préparer et qui espérait le détourner, l'arrêta par sa robe :

— Maman Brodart? dit-il.

— Tu ne pourrais donc pas me parler sans me tirer les jupes? qu'est-ce que tu veux?

Le neveu ne sut que répondre et parut embarrassé.

— Ah çà! mais en voilà bien d'une autre! tu m'appelles, tu ne sais que dire... Il y a quelque chose là-dessous.

Et elle alla vers l'armoire à linge.

Nous devions être blêmes. Elle ouvrit un des battants de l'armoire; d'après ce que nous avions calculé, la serinette, appuyée contre la porte, tomba sur le plancher.

— Oh! la musique! dit-elle, stupéfaite de l'accident.

— Elle est cassée, dis-je, voulant faire croire que cette chute l'avait endommagée.

— Ça ne casse pas ainsi, dit-elle.

Elle la ramassa. Mais nous n'avions plus pensé que le bois était mouillé. Elle s'en aperçut en la touchant.

— La musique est fraîche, s'écria-t-elle. Qui est-ce qui l'a trempée dans l'eau?

Personne ne répondit.

— Quand je disais qu'on n'est pas une minute tranquille... Quelle invention! Tremper la musique dans l'eau!

Madame Brodart ne soupçonnait pas encore toute l'étendue du malheur... Cependant, par instinct, elle tourna la manivelle... Il est impossible de peindre l'effroi qui s'empara d'elle, quand aucun son ne se fit entendre. Ses yeux et sa bouche s'étaient dilatés comme si elle eût aperçu une vipère. A l'effroi succéda la colère, une colère terrible; toute sa figure se plissa... Les sourcils se dressèrent menaçants, aussi hérissés que la queue d'une chatte à l'approche d'un chien. La colère la rendait bègue..

— Qui, qui, qui, demanda-t-elle, qui a cassé la musique ? Nous aurions voulu disparaître dans le mur.

— Voyons, vite, dites-le-moi, ou je vous donne le fouet à tous !

Elle ferma la porte pour nous couper toute retraite. En-

fin le plus craintif désigna du doigt Rosenblutt. D'un bond elle se précipita sur lui, le saisit dans ses bras et courut vers la cuisine. Nous étions muets de frayeur. On entendit Rosenblutt crier... Elle le battait avec des verges... Rosenblutt criait encore. Les coups redoublaient. « Maman

Grete! » s'écriait le pauvre petit; et le fouet répondait à cet appel. Enfin les cris s'éteignirent, et madame Brodart reparut sur le seuil de la porte, les yeux injectés de sang, les lèvres blanches; quelques mèches de cheveux gris s'échappaient de son serre-tête noir. Son bonnet était tombé. Elle était terrible à voir : les sorcières de Macbeth eussent paru des agneaux auprès d'elle.

— Allez-vous-en chez vous, tas de polissons! s'écriat-elle... Allez-vous-en !

Nous ne nous fîmes pas répéter deux fois cet avis, et nous courûmes chez nos parents de toutes nos jambes.

INNOCENTE VICTIME

Maître Fleischmann sortit du presbytère vers midi. Il ne paraissait ni plus gai ni plus triste qu'à l'ordinaire. La musique seule pouvait émotionner sa figure. Ne voyant pas Rosenblutt dans le jardin, il courut dans la chambre à coucher.

Il chercha, inquiet, partout son enfant. Rien ne semblait annoncer qu'il vînt de quitter la maison. Fleischmann pensa que Rosenblutt s'était ennuyé et qu'il était monté aux orgues; mais Rosenblutt n'était pas à l'orgue.

— Il aura couru, se dit-il, dans les galeries de l'église.

L'Allemand parcourut toutes les galeries; il monta au clocher. En chemin, il rencontra les sonneurs, et leur demanda s'ils avaient vu son fils. Les sonneurs, tout étonnés de cette figure effarée, lui rirent au nez.

Il descendit, en sautant des marches, l'escalier, et il revint à sa maison. Peu d'instants après, une domestique, qui tenait un enfant dans ses bras, entra.

— Ah! cria-t-il en reconnaissant Rosenblutt pâle et évanoui.

Il l'arracha des bras de la fille, et le posa sur un lit. Rosenblutt ne faisait aucun mouvement.

— Il est mort! dit l'organiste d'une voix altérée.

La femme s'en allait, traversant le jardin. Elle ouvrait

la porte de la maîtrise. Fleischmann courut à elle.

— Est-ce toi, dit-il, qui l'as tué, méchante créature?

La fille fut effrayée des yeux de l'Allemand, qui sortaient de l'orbite.

— Non, dit-elle, ce n'est pas moi.

Fleischmann la saisit par le cou et referma la porte.

— Tu vas mourir aussi ! dit-il en cherchant à l'étrangler.

Mais la domestique, qui était une rude campagnarde, luttait courageusement. En même temps elle appelait au secours. Un moment elle fut terrassée par l'Allemand, qui rugissait... La porte s'ouvrit à propos. Quelques personnes entrèrent, entre autres Bruge, le serpent.

— Au secours ! cria la paysanne d'une voix étranglée par les dix doigts de Fleischmann.

On eut beaucoup de peine à faire lâcher prise à l'organiste, qui redoubla de colère en voyant sa proie lui échapper.

— Mais qu'est-ce qu'il y a? demanda Bruge.

— Il y a... il y a... elle a tué l'enfant, la malheureuse... Mon enfant, qui était si joli ! dit-il en sanglotant.

Puis la colère le reprenait, et il échappait aux bras qui le retenaient. Tout à coup on entendit la voix de Rosenblutt.

— Papa ! papa !

— Oh ! dit-il d'un accent de joie violent, ma fille n'est pas morte !

Et il courut vers la chambre.

COMMÉRAGES

L'événement courut bientôt la ville. A en croire les uns, l'organiste était devenu fou; à en croire les autres, on allait le juger pour avoir tenté d'assassiner la domestique de madame Brodart. Ce fut un thème inépuisable pendant la huitaine qui suivit.

Madame Fréminet donna une soirée où elle invita les principaux personnages de la paroisse Saint-Grégoire. M. Peinte fils ne manqua pas de s'y trouver, et raconta comment il avait malheureusement assisté au prologue de cette aventure.

— Je m'en suis allé, dit-il; mais, à ma place, je crois que tout le monde en aurait fait autant.

— Vous avez eu bien raison. J'ai entendu dire que madame Brodart avait été trop loin, mais son chagrin était bien pardonnable.

— Une si jolie serinette! s'écriait M. Peinte fils.

— Elle ne lui a donné qu'un peu le fouet après tout...

— C'est qu'on dit dans la ville que l'enfant est encore malade.

— Ah ! il fait le malade... Parlez-moi plutôt de cette brave fille qu'il étranglait, le monstre... Sans Bruge, son affaire était faite... C'est heureux pour l'Allemand qu'on l'ait arrêté, on le guillotinait...

— On a vu, dit M. Peinte père, sous la Révolution, des personnes exécutées pour moins.

— Voilà pourtant notre archidiacre ! dit madame Fréminet... Ce que c'est que de donner des places à des inconnus... à des protestants ! A propos, il l'a fait venir, son organiste, il l'a interrogé sur sa religion. L'autre a avoué tout ce qu'on a voulu. Je sais tout, moi. Il y a Baptiste, le domestique de madame de Préparé, qui est cousin de la femme de charge du curé de Notre-Dame; elle balayait dans la chambre à côté quand l'Allemand est venu ; elle a entendu sa confession... Baptiste m'a dit que ça faisait trembler, les crimes de cet homme-là... Il a tout raconté à l'archidiacre; même, de temps à autre, M. le curé disait : « Ce n'est pas possible. »

— Vous croyez donc, dit Peinte père, que c'est un scélérat ?

— Un fieffé, un ancien bandit qui aura été obligé de quitter son pays...

— Oh ! mais c'est dangereux, des hommes pareils ! dit Peinte fils.

— Très-dangereux... A la fin, M. le curé de Notre-Dame, effrayé, n'a plus osé rien prendre sous son bonnet, et il lui aurait dit en le renvoyant : « J'en écrirai à monseigneur l'évêque. »

— Ah! sait-on ce qu'a répondu monseigneur l'évêque?

— Malheureusement on ne sait pas encore... Mais, à ce temps-là, il n'y avait rien; la pauvre domestique de madame Brodart n'était pas étranglée... Ça n'est pas son premier crime, allez... il y a longtemps qu'il a fait son coup d'essai... puis son fils, vous savez...

— Celui qui a cassé la musique, dit M. Peinte fils.

— Eh bien, son fils est une fille.

— On dit ça, mais est-ce croyable?

— Il l'a avoué devant trente personnes... Demandez plutôt à Bruge, qui a sauvé la malheureuse domestique, il a crié comme un sourd : « Ma fille n'est pas morte ! »

— Si c'est une fille, dit judicieusement M. Peinte fils, pourquoi l'habille-t-il en garçon?

— Voilà ce qu'on ne sait pas... des idées à cet Allemand; puisque je vous dis qu'il est fou! on le dit partout, d'ailleurs.

— Quel fâcheux événement! dit Peinte père.

— Le crime se découvre tôt ou tard, dit madame Fréminet... Dire qu'il faisait souffler les orgues à une fille, n'est-ce pas indécent? Il n'y a qu'un Allemand pour avoir des idées pareilles... Ah! l'évêque va être content quand il va apprendre toutes ces histoires!

— Il n'y a pas de quoi.

— C'est bien fait pour l'archidiacre; qu'il fasse donc le fier maintenant! ça lui apprendra à se défier des gens... Bien heureux s'il n'est pas destitué, M. Caron me le disait tantôt. Monseigneur est sévère quand il faut.

— Parbleu, dit Peinte père, il faut de la sévérité dans tout. Maintenant plus qu'autrefois, on voit des choses, ma parole, qui font hausser les épaules de pitié. Si les organistes et les autres employés des églises ne sont pas catholiques et d'une morale éprouvée, qui est-ce qui le sera?

— A la bonne heure, dit madame Fréminet, voilà des raisons... Avec tout ça, cette pauvre madame Brodart en est pour sa serinette...

— Cependant, qui casse les pots les paye.

— Elle le pense bien ainsi, dit M. Peinte fils. Elle a envoyé la musique par sa bonne en même temps que le petit garçon qui n'est pas un petit garçon... On lui fera payer, à l'Allemand.

— Ça a-t-il seulement un sou vaillant? demanda madame Fréminet.

— S'il ne veut pas, on lui retiendra sur ses appointements.

— Oh! dit tout à coup M. Peinte fils, il est les trois quarts de onze heures.

— Vraiment, comme le temps passe !

— Nous bavardons, nous bavardons, qu'est-ce que va me dire ma femme ?

— Elle sait que tu es avec moi, dit Peinte père.

—Il n'y a pas de danger, dit en riant madame Fréminet Messieurs, faites bien mes compliments à madame Peinte de ma part. Dites-lui qu'elle est trop rare...

ROSENBLUTT

Maître Fleischmann, qui depuis huit jours soignait Rosenblutt sans le quitter d'une seconde, avait fait demander un médecin. Le médecin, après avoir étudié longtemps la physionomie de l'enfant et s'être fait raconter la scène qui avait déterminé la maladie, secoua la tête :

— C'est grave, dit-il au père... Il y a eu commotion au cerveau... Nous verrons quand le délire sera passé ; mais ce sera long, et il faudra des soins minutieux.

— Ah ! monsieur, disait Fleischmann en joignant les mains, sauvez-la par grâce, ma pauvre Rosenblutt !... Pensez donc, si je la perdais... Je ne peux pas, n'est-ce pas ? c'est ce qui me reste de sa mère : elle lui ressemble, à la pauvre Grete... Voyons, que faut-il faire pour la guérir, je ferai tout... faut-il que je meure ?...

— Ce n'est pas désespéré, dit le médecin. J'ai vu des malades atteints bien plus fortement au cerveau... Elle n'a qu'une maladie morale, votre fille. Elle n'a pas souffert des coups qui lui ont été portés...

— Oh ! pouvez-vous dire ! s'écriait Fleischmann. Elle n'a

pas souffert!... mais je la tuerai, l'horrible femme qui est cause de mon malheur.

— Votre fille, dit le médecin, avait-elle des goûts très-prononcés pour quelque chose? Elle a les organes tellement délicats, que son système nerveux a dû s'affecter d'un rien.

— Oh ! elle était si bonne musicienne !

— Bien, dit le médecin. Avait-elle quelques préférences pour certains morceaux ?

— Elle aimait la grande musique.

— Depuis quand a-t-elle chanté ?

— Rosenblutt chante dans son délire, mais des airs confus... Elle a perdu la mémoire musicale, elle mêle tout.

— Ce n'est pas ça que je vous demande. Quand a-t-elle chanté étant en bonne santé ?

— Mon Dieu, monsieur, aux orgues, avec moi, un superbe morceau d'Holbrecht. C'était le jour où la vieille l'a si indignement martyrisée.

— Aime-t-elle à entendre l'orgue ?

— Ah ! Rosenblutt seule me comprend.

— Eh bien, demain je reviendrai... Si votre fille a toujours le délire, nous la ferons transporter aux orgues, et nous essayerons de la guérir par un moyen que je crois certain.

— Brave homme ! s'écria Fleischmann, comment reconnaîtrai-je jamais vos services ?... je suis trop pauvre... il faudrait des millions ! non, ce ne serait pas encore assez, si vous sauvez Rosenblutt...

— Je ne veux rien, monsieur, dit le médecin.

— Ah ! dit Fleischmann, je vous dédierai une messe,

une messe qui est là toute faite. Tenez, dit-il en lui montrant une énorme partition manuscrite, c'est une messe en *ut* mineur comme on n'en fait pas en France, je vous la dédie... Je voulais y mettre le nom de ma femme ; mais elle sera contente de voir le vôtre en tête, puisque vous me rendrez notre enfant!

— Merci, monsieur, je vous suis reconnaissant, dit le médecin en se retirant pour échapper aux remercîments de l'organiste.

Maître Fleischmann revint en sautant. Il ôtait ses lunettes et se frottait les yeux. Il riait pour la première fois de sa vie en serrant son crâne dans ses mains, comme s'il eût craint que la joie ne le fît éclater.

— Mon enfant! s'écriait-il, ma Rosenblutt sauvée!... Ah! le digne homme! Il me l'a promis... Je vais écrire un *Alléluia*... Ah! quelle joie, quel bonheur!

Tout à coup sa figure se tendit, car l'enfant venait de remuer; il sortait de sa léthargie et bégayait quelques paroles inintelligibles. Fleischmann courut au lit.

— C'est moi, Rosenblutt, c'est moi, ton père.

Rosenblutt murmurait des mots impossibles à rendre.

— Tu ne me reconnais pas, Rosenblutt, moi, ton papa, hein! me reconnais-tu?

— Je vois un chat noir, disait l'enfant, un gros chat...

Il vient à moi... oh! il m'étouffe... il court sur ma poitrine.

— Non, mon enfant, disait Fleischmann, il n'y a pas de chat.

Rosenblutt souriait.

— Les roses, les belles fleurs et des papillons de toutes couleurs.

Puis sa figure s'imprégnait de terreur.

— Oh! l'on me fouette! Plus de verges! assez, madame! Je ne le ferai plus... Maman, à mon secours! on me bat... La musique à l'eau... Charles, il m'a poussé; non, ce n'est pas moi! la méchante...

— Rosenblutt, me reconnais-tu? disait Fleischmann en lui prenant ses mains brûlantes; je suis là pour te défendre, on ne te battra plus.

— Vite, dit l'enfant, chasse-les vite, les chats... Je te dis qu'ils sont trois cents, une armée, ils courent au galop. Ah! le fouet, toujours le fouet!

— Mon Dieu! mon Dieu! s'écriait Fleischmann en se tordant les mains de désespoir, il ne m'entend pas, mon enfant! Rosenblutt, s'écriait-il en sanglotant, reconnais-moi, je suis ton père; vois, je suis auprès de ton lit, reconnais-moi un peu, une minute seulement.

Rosenblutt chantait.

— Oh! disait l'organiste au désespoir, il n'y a pas de Dieu, il n'y a pas de ciel. Mon enfant ne me reconnaît pas!

L'archidiacre entra comme il blasphémait, égaré par la douleur.

Le prêtre fut ému de ce profond désespoir. Il chercha à calmer maître Fleischmann par des paroles pleines de religion. L'organiste fut rafraîchi par cette rosée bienfaisante. Quand il eut repris du calme, l'archidiacre lui annonça avec tous les ménagements possibles qu'il venait de recevoir l'ordre de l'évêque de prendre un nouvel organiste.

— Que m'importe, dit Fleischmann, ma place! Que mon enfant recouvre la santé, et je m'en irai... Quand je devrais mendier! Ne serai-je pas assez heureux de souffrir pour lui? S'il est fatigué, je le porterai sur mon dos.... On est bon, monsieur le curé, dans votre pays, on ne nous refusera pas un morceau de pain et de la paille pour nous coucher.

— Je ne vous chasse pas, dit l'archidiacre, qui compatissait à ces douleurs, votre successeur ne viendra que dans quinze jours. Si votre enfant est encore malade, je vous offre mon presbytère...

— Oh! que vous êtes bon, monsieur!

— Tenez, voici quelque argent...

— Je n'en veux pas, dit Fleischmann.

— Ce n'est pas à vous que je le donne, c'est à votre enfant malade.

L'archidiacre partit à la nuit. Le lendemain, le médecin vint, suivi de son domestique. Rosenblutt avait passé une nuit plus calme. Le domestique voulut prendre l'enfant pour le porter aux orgues; mais Fleischmann déclara que lui seul se chargerait de ce soin.

Tous quatre montèrent à l'orgue. Un large fauteuil avait été disposé pour Rosenblutt. Le domestique souffla. Fleischmann s'assit au clavier. Le médecin s'installa près de l'enfant.

Au premier accord, Rosenblutt ouvrit de grands yeux effrayés. Fleischmann chantait en s'accompagnant. Rosen-

blutt paraissait revenir à lui. L'organiste voulut quitter sa place pour l'embrasser. Le médecin lui fit signe.

— Continuez, ou je ne réponds de rien.

L'enfant, la bouche ouverte, semblait aspirer les mélodies qui s'échappaient de l'orgue : vers le milieu du morceau, il sembla écouter avec plus d'attention, et il chanta l'air qu'il avait répété le matin du fatal événement. Sa voix était plus pure que d'ordinaire : elle n'avait plus rien de terrestre.

Maître Fleischmann pleurait; de grosses larmes tombaient sur ses doigts et sur le clavier. A peine l'air était-il fini qu'il se précipita vers Rosenblutt.

— Me reconnais-tu, Rosenblutt? dit-il.

— Oui, père... je t'aime.

Et l'enfant expira.

On parle encore dans la petite ville de la mort de Rosenblutt.

Maître Fleischmann monta aux orgues. Pendant la messe des morts on entendit une voix saccadée qui chantait le *Dies iræ*. L'accompagnement était plaintif et lugubre. Un moment les notes ressemblèrent à des sanglots.

Le lendemain, l'organiste disparut du pays.

Trois ans après, passant sur le quai de la Ferraille, je

trouvai à vendre une mauvaise serinette qui rendait à peine trois notes. Le couvercle était ouvert et je pus lire :

Ouverture de la Chasse du jeune Henri.
Air de Philadelphie (2 fois).
Le Point du Jour.
La Monaco (3 fois).
Air de la Flûte enchantée.

SIMPLE HISTOIRE

D'UN RENTIER ET D'UN LAMPISTE

SIMPLE HISTOIRE

D'UN RENTIER ET D'UN LAMPISTE

Soyez certain que celui qui a dans son gousset une montre sera tyrannisé par ce meuble, s'il n'a pas à son service un caractère ferme ou une intelligence robuste. J'ai fréquenté dans la province un homme, le type du provincial, de l'honnêteté, de la candeur.

La petite ville était célèbre aux alentours par ses moulins à vent et ses églises. Les moulins à vent s'en sont allés tout d'un coup, aussi les églises. Pourtant jamais situation ne fut plus propice aux moulins. Ils étaient on ne peut mieux sur la montagne, se croisant rarement les bras, attendu que le vent par là n'est pas rare. On a cherché à me faire comprendre que l'industrie avait trouvé des *broyeurs* de blé plus alertes que les moulins à vent. Tant pis; c'étaient des constructions bizarres qui faisaient bien dans le paysage, et qui, la nuit, semblaient un grand cyclope géant doué de quatre bras.

Toutes les villes ont la rage d'avoir des rues Vivienne, des rues de Rivoli : elles adorent être tirées au cordeau. Ce que ces opérations de voirie, ces expropriations pour cause d'*utilité publique*, ces alignements ont fait sauter de monuments, est incalculable ; mais aussi les bourgeois ont à la place des trottoirs et de grandes imbéciles de maisons, droites comme des I, et toutes en pierre de taille.

Deux églises cependant restèrent debout au milieu de cette *iconoclastie*, toutes deux avec des horloges au front. L'hôtel de ville aussi avait sa sonnerie particulière.—Pour en revenir au propriétaire de la montre, il fallait voir son inquiétude quand les trois horloges n'allaient pas à l'unisson. C'étaient des courses infinies, des questions sans nombre à chacun de ses compatriotes pour expliquer le désagrément que lui causait le peu d'accord des trois horloges. Plus tard, notre original, afin d'avoir moins à souffrir, adopta la cathédrale. Il donnait l'heure à tous ses parents, ses amis, ses connaissances; mais, ne voulant tromper personne, il avait soin d'expliquer que « c'était l'heure de la cathédrale. » Ce type si fréquent se retrouve à Paris. Les employés de l'hôtel de ville ont tous « l'heure de la ville. » Je sais un rentier de la place Royale, qui fréquente depuis des temps immémoriaux le jardin Turc, et qui n'a pas cru devoir donner de meilleures preuves de son estime à cet établissement qu'en tirant sa montre : « Monsieur, je vais on ne peut mieux, j'ai l'heure du jardin Turc. »

Pendant quelques mois, la montre du rentier se trouva d'un accord parfait avec la cathédrale; mais voici que l'horloge, de construction assez vieille, plantée sur un rocher élevé, donc exposée à tous les vents, à tous les brouillards, à toutes les pluies, fut malade des intempéries des saisons. La malheureuse horloge déraisonnait; des fois elle oubliait les *quarts*, d'autres fois les *demies*. Plus souvent elle sonnait douze heures quand il n'en fallait qu'une. On comprend le violent désespoir qui s'empara de l'homme à la montre. Il avait fait un choix sur l'horloge la plus sûre, la plus accréditée dans le pays, et l'horloge adultère lui *faisait des traits*. Le provincial courut chez le lampiste de la petite ville. Vous me direz : Qu'est-ce qu'un lampiste peut avoir à faire là dedans? Ceci n'est pas du badinage; croyez-en ce que vous voudrez : ce lampiste était chargé de régler l'horloge de la cathédrale ; toutes les quinzaines, il lui fallait grimper les trois cent soixante-quinze marches du clocher pour aller remonter la machine, la nettoyer, la *graisser*. — On sent ici le besoin du lampiste, et on comprend sa nomination. — Rien qu'en voyant entrer son compatriote à la mine blême, à la marche indécise et flottante, le lampiste devina qu'il s'agissait de l'horloge de la cathédrale. — Je n'y peux rien, dit-il en répondant à la demande muette de l'homme désolé, c'est une machine capricieuse comme tout. — Le provincial poussa un soupir, et, d'un geste muet, d'un geste comme n'en trouvera jamais mademoiselle Rachel, il plia son coude en deux, la seconde partie de l'avant-bras fit un nouvel angle, les doigts de la main droite eux-mêmes se courbèrent, — en tout quatre angles, — et de cette manœuvre géométrique il résulta que la main droite fouilla dans le gousset du gilet. Une montre en sortit.

Elle était sans aiguilles....

Trouvez-moi dans les romans anciens ou modernes une douleur plus éloquente, plus sentie, plus profonde, que celle-là! Le lampiste avait l'âme sensible ; d'un esprit peu cultivé d'ailleurs, il ne s'inquiétait ni de la politique, ni de la Pologne, ni de la réforme électorale, ni de l'Irlande affa-

mée. Non, il lisait tout bonnement le journal de son chef-lieu, et toute son attention se portait vers le cours des graines oléagineuses, dont voici le tableau exact :

HUILES. — GRAINES OLÉAGINEUSES

COURS DE LILLE. — 5 mars.

	GRAINES.		HUILES.		TOURTEAUX.	
Colza nouv............	20 00	27 00	80 00	00 00	15 50	16 50
Œillette...............	24 50	26 00	85 00	00 00	14 25	15 25
Lin...................	20 00	25 00	82 25	82 00	18 00	20 00
Cameline	20 00	24 00	77 00	00 00	15 50	16 00
Chanvre..............	00 00	00 00	00 00	00 00	14 00	15 25
Huile bon goût sur march.			00 00	00 00		
Id. d'œillette bon goût............			00 00	00 00		
Id. froissage soutirée...............			00 00	00 00		
Id. épurée pour quinquets.			86 00	00 00		
Id. Id. pour réverbères.........			00 00	00 00		
Suif fondu du pays........ 110 à 000						

Paris, 5 mars — Huile Colza disponible, fr. 88 00 ; courant du mois, 00 00 ; 4 derniers mois, 88 58 à 89 25 ; 4 premiers, 00 00 à 00 00.

Mais cet esprit vierge comprit le trouble du possesseur de la montre. Car lui aussi était affligé des écarts et de la mauvaise conduite de l'horloge. Il ne répondit pas un mot, ce qui prouve combien il partageait la douleur de l'autre, et il eut raison. Je saurais très-mauvais gré à l'ami qui viendrait m'apprendre que mon amie est morte, et qui tenterait de me consoler par un flux de paroles. Qu'il se taise, qu'il pleure avec moi, ou qu'il me laisse un peu me cogner la tête contre le plafond.

Le lampiste quitta son tablier huileux de serge verte.

que le cuivre avait rendu noir par son contact, endossa son habit noir, entendez-vous? son habit noir, l'habit des cérémonies douloureuses, l'habit des joies, l'habit des noces et des festins, l'habit des dimanches pour tout dire, et il passa

son bras dans celui du bourgeois. Et tous deux, sans dire un seul mot, sans saluer personne, tant était poignant leur chagrin, montèrent ensemble les trois cent soixante-quinze marches de la cathédrale. Le voilà donc en face de son amie, le provincial attristé! Ses yeux se raniment, ils s'ouvrent aussi grands que la nature l'a permis; il regarde longuement et fixement l'horloge. La folle était impassible; seulement son gros tic tac, — qui est le pouls de ces machines, — battait d'une façon un peu fiévreuse. Les roues tournaient avec une activité fébrile : tout cela chantait, dansait, craquait; mais le lampiste : — Ah! monsieur, je me trompais, ce n'est pas un caprice, elle est malade, elle a la tête un peu détraquée.

Les provinciaux ont très-peur des fous; notre rentier recula de trois pas, d'autant plus que ce tapage, auquel il n'était pas habitué, lui semblait un fâcheux augure. Il n'avait jamais vu ni ouï de machines à vapeur.

— Faudra l'envoyer à Paris, dit le lampiste; je ne suis pas assez habile pour essayer de la guérir.

— Mais le voyage?

— Oh! nous la coucherons avec soin dans un bon lit de foin avec des planches tout autour.

— Et qu'est-ce que je deviendrai, moi, pendant son absence?...

Le lampiste n'osa proposer au bourgeois une nouvelle liaison avec d'autres horloges; c'étaient de jeunes pimpernelles, à la mode nouvelle, qui étaient coquettes et chantaient les heures d'une voix très-claire. Celle de la cathédrale, au contraire, était une personne grave, d'un âge mûr, et qui avait vu tant d'événements, de révolutions, de changements de maires, d'adjoints, de sous-préfets, qu'elle avait acquis cette expérience si douce dans le commerce de l'amitié.

. . . .
. . . .

L'horloge partit pour Paris, et avec elle le sommeil de l'honnête bourgeois.

Un matin qu'il était occupé à regarder mélancoliquement sa montre sans aiguilles, le lampiste entra. Il avait remis son habit noir, mais non plus en synonyme de crêpe et de pleureuse; d'ailleurs, les ris et les jeux (pardon pour ce mot de nos pères!) se peignaient sur sa physionomie. Le bourgeois tressauta, et, avec un hoquet causé par la joie :

— Elle est revenue? s'écria-t-il.

Et, sans attendre la réponse, il sauta au cou du brave lampiste. — Le lampiste m'a même dit plus tard qu'il sentit deux grosses larmes, de ces bonnes franches larmes, qu'on rencontre si rarement, lui couler sur les deux joues, et se dérober dans les profondeurs de son vaste faux col.

— Oui, elle est revenue, et en bonne santé, répliqua le lampiste tout ému.

— Vous viendrez manger la soupe avec nous?

Pour le coup, ce fut au lampiste d'essuyer ses yeux. Rien de plus aristocratique que la bourgeoisie de province. Là vous verrez rarement, même ceux qui ont beaucoup voyagé, des lampistes partager la *soupe* du rentier. Notre lampiste comprenait d'autant mieux cet insigne honneur, qu'il était honnête homme, petit commerçant, pas envieux, ne briguant pas les honneurs : au fond, un de ces braves gens dont le coutelier Diderot, de Langres, a laissé un si beau type. Il me serait facile ici de placer quelques phrases sur le fils du coutelier, sur Diderot fils, non pas l'encyclopédiste, mais l'auteur du *Neveu de Rameau*, non pas l'adorateur de Voltaire, mais l'auteur des *Entretiens d'un père de famille*. Eh bien, je m'en dispense, laissant ces charmantes digressions à Sterne; et j'en reviens à l'histoire de l'horloge.

Le rentier avait dit : « Nous mangerons la soupe ensemble; » mais c'est une façon de parler proverbiale. Le lampiste, quand il eut déployé sa serviette damassée, trouva dessous une paire de boucles d'oreilles en or qui lui firent un grand plaisir, car il n'avait jamais eu le moyen d'en porter qu'en argent. Après le bouilli, apparut sur la table un cochon de lait qui voudrait, pour être décrit, le pinceau d'un coloriste. Le petit cochon était de ce blond presque roux, si cher à Rubens. Que de soins et de veilles n'avait-il pas fallu près de la broche pour arriver à ce ton presque impossible aux cuisiniers parisiens! Ceux-là, les sans soins, auraient stigmatisé le corps du petit cochon de lait d'une tache noire. Oui, ils l'auraient laissé brûler, au moins par un côté. Et, la meilleure preuve que toutes ces opérations culinaires et gastronomiques avaient été préparées avec un soin de Gérard Dow, la tête du petit cochon de lait était calme et tranquille, plutôt mélancolique que

souffrante. Ses yeux étaient fermés doucement et sans effort.

Cela va paraître peut-être invraisemblable (j'en appelle aux admirateurs de Brillat-Savarin), le petit cochon de lait semblait être heureux d'avoir été aussi bien cuit !

Le rentier plongea dans les flancs du joli animal un couteau prudent, et l'enveloppe dorée, cette croûte d'une confection si difficile, se détacha tout simplement du corps blanc et vierge du petit cochon.

— Votre assiette, mon ami, dit le bourgeois au lampiste, que je vous donne *du d'or*.

Je me suis souvent acharné après les provincaux à cause de leurs mœurs rapetissées; eh bien, dans ce moment, je bénis le ciel d'avoir vécu vingt ans dans une petite ville. Les jolis mots qu'on y apprend! le charmant argot qu'ont ces braves provinciaux! Cherchez dans toutes les langues, les mortes et les vivantes, celles de l'Orient et de l'Occident, du Nord et du Midi, vous n'y trouverez jamais un mot aussi ingénieux, aussi naïf et aussi coloré que celui-là : *du d'or!* pour exprimer la croûte rôtie et luisante d'un petit cochon de lait mis à la broche.

Le dîner se passa dans des élans de gaieté ; pour couronner le festin, il fut question d'un verre de ratafia, qui mit les esprits en plus belle humeur sans attaquer la tête. Après le ratafia vint le café, servi dans de jolies tasses sur lesquelles étaient peintes des lyres dorées, qui contenaient la *torréfaction de moka*, suivant l'idiome du bourgeois. Cette nuit-là il dormit comme il n'avait jamais dormi de sa vie.

Il rêva les rêves les plus roses et les plus folâtres. A huit heures du matin, notre rentier se leva frais, reposé, la tête légère; il oublia de se vêtir de son caleçon. Jamais, depuis quarante ans, il ne s'en était séparé. Quel événement avait donc pu jeter un tel désordre dans ses idées ? C'est qu'il devait assister, en compagnie de son ami le lampiste, à la pose de l'horloge.

Dans ma jeunesse, mon père étant secrétaire des affaires de la mairie de L... et par conséquent à la tête de la municipalité, — car il n'y avait jamais de maire, — une députation de paveurs vint un jour me chercher, le bouquet à la main, pour poser la première pierre d'une place. On pense quelle joie me procura cet honneur malgré le mal que me donna la *demoiselle* quand il s'agit de la soulever.

Les naïves bouffées d'amour-propre qui s'emparèrent de ma petite personne, âgée de dix ans, ne furent rien, si j'en crois le lampiste, auprès des accès du rentier en allant à la cathédrale. Il enjambait trois marches à la fois ; il souriait, se disait des petits mots sans suite, à lui tout seul. Bref, il arriva en cinq minutes au clocher.

Par le même geste que j'ai déjà décrit, — les quatre angles, — il tira sa montre du gousset du gilet. Les aiguilles avaient repris leur place!... Le lampiste décrocha d'un clou

une énorme clef, aussi grosse que celle de saint Pierre, et se mit en devoir de remonter la machine.

— *Cric, crac, cric, crac, cric, crac.*

Les roues commencèrent à sortir de leur torpeur et reprirent leur ancienne partie de concert.

Le lampiste fit d'abord sonner une heure, et, à cette voix si connue, le bourgeois se trouva presque mal de bonheur; il y avait si longtemps qu'il n'avait entendu le timbre chéri de son amie! En même temps, après avoir introduit sa clef dans la virole de la montre, il la mettait à une heure.

L'horloge, sous la conduite du lampiste, sonna docilement deux, trois, quatre, cinq, six, enfin, jusqu'à onze heures, et les aiguilles de la montre obéissaient à tous ces appels.

— Il est midi trois minutes, dit le lampiste en tirant une vénérable montre de famille, dont la cuvette d'argent, solide comme un cheval, avait dû résister à l'attaque des années.

C'était un de ces meubles dits *bassinoires* en langage familier. Le brave lampiste allait donc mettre à l'heure l'horloge restaurée, lorsque le timide bourgeois, craignant une rechute, l'arrêta par le bras.

— Croyez-vous qu'elle ira?

— Elle ira *comme un charme* maintenant.

— Ah! tant mieux! s'écria le rentier en soupirant.

Quand elle fut arrivée au chiffre XII, à cette heure douzième qui s'étalait sur la façade de l'église en larges chiffres

romains, l'horloge sembla prise d'une folie furieuse. —
Avez-vous été réveillé en sursaut par un réveille-matin?
mettez-en une douzaine ensemble, qui carillonneront sans
relâche, et vous n'aurez encore qu'une faible idée de l'égarement de l'horloge. Le grand ressort tournoyait convulsivement sur lui-même et faisait tous ses efforts pour s'échapper du *barillet;* les *pivots* et les *goupilles* sortaient de leurs
gonds et montraient leurs grosses têtes de fer. Le *cliquet,*
qui doit engrener dans la *roue à rocher,* s'était séparé violemment de sa compagne; la *fusée,* qui correspond au *cliquet,* sifflait solitaire; la *roue de champ* avait engagé un duel
terrible avec la *roue de rencontre;* la *roue de minuterie*
avait perdu connaissance; seule, la *roue de chaussée,* peu
révolutionnaire, semblait effrayée du vacarme que faisait
la *roue de canon;* les *palettes* cliquetaient; le *balancier*
semblait un diable dans un bénitier.

A cette révolution inattendue, le bourgeois fut terrifié;
ses yeux et sa bouche étaient grands ouverts, il n'avait pas
plus de salive qu'un condamné à mort qui marche au supplice. Ses doigts s'étaient crispés d'épouvante, et de fauves
lueurs passaient par instants dans ses yeux.

— Seigneur! s'écria le lampiste hors de lui.

Cette exclamation n'arrêta nullement les écarts de l'horloge; mais le rentier, ramené un moment vers les choses humaines par cette parole, regarda une dernière fois sa montre et la lança dans l'espace. . . . . . .

. . . .

Il n'a jamais dit un mot depuis ce fatal événement; le malheureux a la tête perdue. On ne lui parle pas, car alors il répond par des onomatopées intraduisibles qui imitent le tapage d'une pendule détraquée. Les galopins de la ville, cruels comme tous les enfants, ne manquent jamais de lui demander l'heure.

LA LÉGENDE
DE SAINT CRÉPIN LE CORDONNIER

La petite maison de saint Crépin n'était jamais si gaie qu'à huit heures du soir, dans l'hiver.

Le poêle, bourré jusqu'à la gueule, gronde ; les légumes trémoussent dans la marmite ; le merle siffle encore une fois avant de s'endormir ; l'apprenti chante une chanson aussi vieille que sa grand'mère ; les marteaux font toc et tac sur les clous.

— Les amis, dit saint Crépin, tendez les verres, qu'on boive un coup de cidre.

Les compagnons ne se firent pas tirer l'oreille ; ils déroulèrent leurs sacs à outils, où le verre en vieux cuir se promenait avec le fil et la poix.

Il n'y eut qu'un cri dans la salle :

— A la santé de saint Crépin !

Voilà un brave patron qui ne regardait pas à deux, trois cruches de cidre dans la soirée. L'ouvrage n'en va que mieux : un coup de cidre à propos picote la langue et donne du courage aux compagnons.

Ce n'est pas comme le chaussetier d'en face, qui fait travailler quinze heures par jour des pauvres filles de dix ans, pâles, maigres, longues comme un jour sans pain. Pour économiser, le chaussetier n'allumerait pas une broussaille. Mais, au bout de dix ans, plus vite encore, le chaussetier aura fait fortune et sera un gros bourgeois.

Lui, saint Crépin, il s'en moque pas mal d'être bourgeois. Il ne demande qu'à être heureux, et la joie de ses compagnons lui suffit. Il ne veut seulement pas gagner plus qu'eux.

Cependant il y a dans un coin de la cheminée une grosse bourse en cuir cachée dans le sabot aux allumettes. Vous sentez bien qu'elle est plus grosse de liards que de louis d'or. Ça n'empêche. Pour le compagnon qui a besoin d'une semaine d'avance, aussitôt les cordons de la bourse sont déliés, et la bourse retourne un peu plus maigre dormir dans le sabot aux allumettes.

Quand un compagnon tombe malade, saint Crépin, la bonté même, envoie paye entière. Et, ce jour-là, il met exprès le pot-au-feu avec un morceau de viande de plus qu'il ne faut. Mais le bouillon est meilleur, on ne compte plus les yeux, tant il y en a. Le malade avale le bouillon bien chaud, et ça lui fait dans l'estomac plus doux que la flanelle au ventre.

Saint Crépin s'était bien aperçu depuis longtemps que quelques compagnons arrivaient le matin en hiver les yeux rouges, et qu'ils se plaignaient que la vue leur piquait. Il y a dans les souliers des parties qui demandent autant d'application que la gravure. C'est surtout pour enfermer l'*âme* entre les deux semelles qu'il faut de grands soins et de la prudence. Le petit morceau de cuir mince qu'on appelle l'*âme*, parce qu'il est mystérieux et ne voit jamais le jour, ne demande pas à être mouillé. L'âme craint la pluie autant que la neige ; si elle est mouillée, elle se venge en mouillant la semelle supérieure, qui à son tour mouille celui qui est dans les souliers

Soulier mouillé vaut rhume.

Or, saint Crépin, qui savait le danger des rhumes, avait recommandé à ses compagnons de s'appliquer particulièrement à cet endroit de la chaussure; là on devait employer le fil le plus solide, l'alêne la plus mince, la poix la mieux réussie. Les points se pressaient serrés aussi habilement que par une brodeuse de dentelles, et emprisonnaient entre les deux lèvres de cuir l'âme, qui était la langue.

Mais ce travail, délicat à la chandelle, exigeait une grande application des yeux. Saint Crépin sentait que la courbature du dos était déjà assez fâcheuse sans y ajouter la fatigue de la vue. La cause du mal n'est pas une grande connaissance si le remède ne vient faire contre-poids. Depuis cinq ans saint Crépin raisonnait là-dessus, réfléchissait et se donnait des coups sur le front sans en rien faire sortir.

Il y a bien un remède souverain, qui est le remède des saisons. Quand arrive le printemps, que les jours grandissent, que le lilas envoie dans l'air de douces odeurs, on ne travaille plus le soir. Bientôt les yeux des compagnons cordonniers reprenaient leur tranquillité aux floraisons de la nature.

Mais sitôt que les vendangeurs entrent les jambes nues dans les cuves pour presser le raisin, c'est le signal des grandes soirées d'automne. La maladie reprenait son cours, peut-être après deux mois de travail.

Au 31 décembre, les cordonniers avaient veillé plus tard que de coutume, d'abord parce que la besogne pressait, ensuite parce qu'ils voulaient les premiers souhaiter la nouvelle année à leur patron.

Quand on entendit le long craquement qui se fait dans la boîte du coucou, et qui annonce que l'heure va sonner, toutes les têtes se levèrent, les aiguilles s'arrêtèrent, les tranchets furent mis de côté, le fil resta à moitié engraissé de poix.

— Saint Crépin, voilà la bonne année.

Et les compagnons embrassèrent tous le patron comme leur père, et le patron embrassa tous les compagnons comme ses fils. Il se fit dans la chambre un certain tumulte : saint Crépin était entouré de ses principaux ouvriers, tandis que d'autres allaient chercher un objet mystérieusement enveloppé dans une serge verte, et déposaient sur la cheminée le chef-d'œuvre :

Une petite botte, luisante comme un miroir, où un compagnon industrieux avait dessiné la Passion en creux.

— Le bel ouvrage ! s'écria saint Crépin. Mais combien

vous vous êtes donné de mal pour ce chef-d'œuvre!

Le saint se disait au fond que de patience inutile il avait été dépensé pour créer un meuble inutile. Seulement le saint se trompait : cette petite botte, avec toutes les apparences d'une chaussure de nain, était un verre à boire. Diverses préparations pharmaceutiques avaient chassé la forte odeur qui s'attache habituellement au cuir.

— Nous allons boire le cidre, dit saint Crépin quand il eut l'explication de cette merveille. Nous allons trinquer un bon coup avant de nous remettre à la besogne.

Comme il y avait beaucoup d'ouvrage, les trinquements se firent avec agilité, et chacun se remit gaiement à l'ouvrage, saint Crépin en tête. Il avait réservé deux bouteilles pour le coup du départ.

Le merle, réveillé par ces rumeurs, s'était mis à siffler comme pour prendre part à la réjouissance du nouvel an.

Saint Crépin poussa tout d'un coup un grand cri, en se levant aussi brusquement de son tabouret que s'il se fût assis sur une alêne.

— Qu'est-ce qu'il y a, saint Crépin? s'écrièrent tous ensemble les compagnons. Vous sentez-vous mal?

— Non, mes amis, c'est la joie... Ah! je n'y tiens plus! regardez la bouteille de cidre.

Les compagnons levèrent les yeux vers la bouteille, qui

ressemblait à toutes les autres bouteilles Ainsi que d'habitude, de petits points brillants partaient du cul pour monter au goulot, ce qui est la marque du vrai cidre mousseux.

— Ah! Seigneur! dit saint Crépin, que je vous remercie! Vous allez voir.

Il s'assit sur un tabouret de cuir, prit un soulier en train et l'approcha de la bouteille de cidre. Alors les compagnons s'aperçurent avec surprise que des flancs de la bouteille sortait un soleil lumineux qui s'étendait sur toutes les parties du soulier, suivant qu'on le changeait de place.

— Mes bons amis, dit saint Crépin, voilà les étrennes que Dieu nous a envoyées. Voilà ce qui nous sauvera la vue.

Là-dessus les cordonniers se mirent à genoux. Et depuis cet hiver ils employèrent la bouteille, qui, plus tard, devint cette grosse boule d'eau, aux larges flancs, qui apporte une si vive lumière sur les ouvrages des pauvres savetiers d'aujourd'hui.

LA CHANSON

DU BEURRE DANS LA MARMITE

Il faisait grand soleil dans la prairie. Caché par l'ombre d'une cabane, un pauvre fourneau de terre était brûlé jusqu'à la moelle des os par les charbons allumés.

Pour plus de fatigue, une lourde marmite de fonte, noire comme la poix, s'était assise sur le fourneau. Encore si ç'avait été une gaie marmite de cuivre qui rît au soleil!

Mais les individus de lourde apparence sont souvent les plus joyeux compagnons. La preuve, c'est qu'une petite voix grésillante sortit tout d'un coup des entrailles de la sombre marmite, et se mit à chanter la chanson suivante :

« J'ai été brin d'herbe, vert et frais ; j'avais pour camarades d'autres brins d'herbe, verts aussi et frais comme moi.

« Tous les matins nous buvions un grand coup de rosée, qui est la plus douce des liqueurs.

« A neuf heures, le soleil venait nous réchauffer et hâter la digestion.

« Et puis c'était le vent qui nous baissait la tête en mesure ; sitôt qu'il était parti, nous relevions la tête.

« Quelle joie infinie !

« Le soir, venaient les amoureux, bras dessus, bras dessous ; et nous nous réunissions tous les compagnons brins d'herbe, afin que les amoureux pussent marcher avec plus de douceur.

« Quand ils avaient assez causé, les amoureux rentraient au logis ; nous buvions encore un grand coup de rosée pour nous refaire l'estomac.

« Un matin, il est arrivé dans la prairie des bêtes énormes, qui nous cassaient la tête de leurs cris.

« La femme qui les menait a crié : « Eh ! garçon, fais « attention que les vaches ne s'écartent point du pré ! »

« Une vache s'avança vers un rassemblement de brins d'herbe qui se tenaient à part. C'étaient nos seigneurs, à cause de leur grande taille.

« La vache ne fit ni une ni deux ; elle ouvrit une grande gueule et avala nos seigneurs.

« J'étais plus mort que vif, j'avais le frisson, je tremblais de tous mes membres. Dans d'autres occasions j'aurais versé une larme sur le sort de nos seigneurs.

« Mais je ne pensai qu'à moi. « Si cette bête avale ainsi, « me dis-je, les puissants brins d'herbe, quel sort nous est « réservé à nous autres misérables sujets ! »

« Ce fut ma dernière pensée. La vache vint à moi avec ses grands yeux ; je ne sais plus ce qui arriva ; je me sentis moulu, broyé.

« Je disparus dans de longs corridors chauds et obscurs, où je retrouvai mes amis et mes seigneurs prisonniers.

« Dans quel état, hélas ! aucun d'eux n'avait forme de brin d'herbe ; nous étions tous mouillés et serrés comme des harengs.

« Malgré ce déplorable événement et malgré notre transformation en boule humide, je tâchai de conserver ma présence d'esprit

« Au bout d'une demi-heure, ce fut un voyage sans fin, un roulis à rendre l'âme.

« Nous entendions dans l'ouverture de la bête un tapage effroyable, comme quand elle nous broyait.

« Il n'arrivait cependant pas de nouveaux brins d'herbe, mais des bouffées d'air à renverser des maisons.

« Notre compagnie diminuait à vue d'œil. L'animal avait sans doute plusieurs cachots à sa disposition, et il faisait son choix parmi les brins d'herbe.

« Ainsi nous vîmes disparaître près d'un quart de nos compagnons; ils partaient pâles et défaits, comme s'ils eussent deviné leur sort.

« Une seconde bande les suivit de près et s'engloutit dans des souterrains dont la pensée me fait frémir.

« Je fus assez heureux pour loger, avec nos seigneurs, dans de petits canaux pleins de rouge liqueur assez semblable au vin vieux.

« Rien ne nous indiquait l'heure dans cette obscurité, et le temps nous parut bien long.

« Beaucoup plus tard, la vache se remit à pousser ses hurlements; et il me sembla démêler qu'un étranger se livrait sur sa personne à des attouchements singuliers.

« Tout d'un coup, par un miracle, nous voyageons dans cette rouge mer qui nous servait de prison... Le soleil !...

l'air ! nous tombons tous ensemble, sans mal aucun, dans un vase de bois plein d'une liqueur blanche.

« Que de mystères !

« La femme qui nous avait délivrés emporta le vase qui nous servait d'asile loin de la vache.

« A partir de ce moment, je n'entendis plus parler de la vache.

« — Eh! Marianne, dit la fermière, écrème le lait... si tu ne te dépêches pas, nous serons en retard pour le marché. »

« La servante apporta des vases de fer-blanc; nos seigneurs et quelques-uns des amis brins d'herbe, nous étions épaissis et légèrement colorés.

« Le fouet claque, les roues grincent, les coqs chantent, les poules fuient, la voiture marche. Adieu pour nos compagnons qui sont restés gouttes de lait.

« Mais nous n'étions pas au bout de nos peines.

« Nous voilà transportés dans une nouvelle prison toute pleine de bonnes odeurs. Ça sentait bon comme l'air du matin.

« La servante arriva, un foulon à la main, et se mit à nous battre, à nous fracasser les membres avec une ardeur sans égale.

« Que de coups ! Et, pour couvrir nos plaintes et nos gémissements, la cruelle femme chantait à tue-tête des poésies sans valeur :

> « J'ai couru dans les bois, Coulinette,
> « J'ai couru dans les bois, Coulineau,
> « La branche accroche ma sarpinette,
>   « Sarpinau!

« Pendant une demi-heure, elle nous rompit les membres de ses coups et les oreilles de sa chanson.

« Quand elle eut le bec aussi fatigué que les bras, elle s'arrêta.

« La fermière décrocha des boîtes en bois sculpté, où on nous enferma dedans.

« Enfin on nous permit de sortir de ce nouveau cachot. Eh bien, en se regardant, les compagnons brins d'herbe n'ont pas été trop fâchés de se voir dans le nouvel habit.

« Nous étions tous jaunes comme du nankin, fermes et tendres à la fois ; sur notre dos était un petit dessin qui représentait un berger embrassant une bergère.

« Puis la fermière nous a enveloppés dans de jolies feuilles vertes qui sentaient les bois.

« Cette après-midi on m'a coupé par le milieu du corps pour me jeter dans la marmite. Et, ma foi! je ne me plains pas. Vive la joie! »

Ainsi finit la chanson du brin d'herbe, qui se remit à chanter de plus belle quand la fermière lui envoya, pour lui tenir compagnie dans la marmite, des petits oignons.

Les oignons pleuraient, car ils ne sont pas philosophes.

TABLE

GRANDEUR ET DÉCADENCE D'UNE SERINETTE.

Madame veuve Brodard la mère............... 9
L'organiste............................... 23
La Paroisse Saint-Grégoire................. 32
L'orage gronde sur la tête de Fleischmann... 37
Nouveaux malheurs de la serinette.......... 47
Innocente victime.......................... 63
Rosenblutt................................. 71

SIMPLE HISTOIRE D'UN RENTIER ET D'UN LAMPISTE........ 85

LA LÉGENDE DE SAINT CRÉPIN LE CORDONNIER............. 109

LA CHANSON DU BEURRE DANS LA MARMITE................. 119

www.ingramcontent.com/pod-product-compliance
Lightning Source LLC
Chambersburg PA
CBHW060200100426
42744CB00007B/1101